AF219111

Impressum

Bibliografische Information der Deutschen
Nationalbibliothek: Die Deutsche Nationalbibliothek
verzeichnet diese Publikation in der Deutschen
Nationalbibliografie; detaillierte bibliografische Daten
sind im Internet über dnb.dnb.de abrufbar.

© 2021 Christian Hofmann
Herstellung und Verlag: BoD – Books on Demand,
Norderstedt
ISBN: 978-3-7543-0289-7

TEXTE FÜR DIE ZUKUNFT

Christian Hofmann

Kapitel 1 : Texte für die Zukunft   8

Kapitel 2 : Einsicht und Erkenntnis   30

Kapitel 3 : Schreibvielfalt   40

Kapitel 4 : Texte für die Zukunft 2   59

Bonus-Material   83
Bonus-Material Teil 2   111

Kapitel 1 : Texte für die Zukunft

Wundermacht

Unter den Sternen

Bewusst

Am Strand

100.000 Bilder

Frühlingsanfang

Nachrichten

Pauli der Wurm

Frau Heidelbeere

Meine Reime (Entgegen der Zeit)

Corona – Das erste Jahr

Buntes Leben

Aus dem Tiefschlaf

Deinen Träumen entgegen

Auf die Fahne

Texte für die Zukunft

Wundermacht

Die Wolken
Sie kreieren ihr Muster
Versuchen sich am Bild des Himmels
Freientfaltet ihrer Kunst

Vermischen sich mit der Sonne
Mit dem Regen, dem Nebel
Sie teilen ihre Zeit mit,
dem Tag und mit der Nacht

Sie ziehen hinfort
Bei Mond und bei den Sternen
Sie bewegen sich,
über uns

Entfachte Kräfte –
Sie verleihen uns Träume
So weit entfernt,
welch Wundermacht

Unter den Sternen

Und so liege ich
Unter dem –
Freien Himmel
Ich betrachte,
die Sterne der Nacht

Könnte ich –
Diesen Augenblick
Dieses Gefühl,
doch nur, irgendwie teilen

Mein Geist,
der sich vereint –
Mit der Atmosphäre,
fern dieser
Strukturen, Zwänge und den Vorgaben,
welche der Mensch einst zur
Kontrolle und zur
Steuerung, konstruierte

Bewusst

Meine Gedanken schweifen
Sie ziehen -
Fern ab, in alle Weite
Sie nehmen mit hinfort,
die Last vom Schwergefühl

Frei ist der Blick,
für den Moment – der doch,
Wohlgefühl erbringt

Schlage mit den Flügeln der Seele
Schließe die Augen,
fühle dich frei

Sanft der Wind über die Haut doch weht
Atme ein –
Und atme aus
Spüre den Augenblick, bewusst der Zeit

Am Strand

Ich sitze am Strand
In feinem, weichen, weißen Sand

Ich schaue dem Wellengang zu
Höre das Rauschen des Meeres
Der Himmel ist blau –
So fein

Wolkenlos,
ich lege mich in den weichen Sand
Ich schließe die Augen
Ich schlafe ein…

… wenn ich erwache,
so reibe ich die Sandkörnchen aus meinen
Augen –
und stelle fest
Wie schön doch dieser Traum gewesen ist

100.000 Bilder

100.000 Ideen
100.000 Bilder, die –
In meinem Kopf entstehen
Wie ein Sträußchen Blumen für den Florist
Wie für den Historiker, Geschichtslehre ist
So ist für mich, das Texte-Verfassen –
Mit eigenen Worten, in eigener Schrift

Durch meine Adern fließt Kreativität
Und ich mag nicht, festgepresste –
Formen und Strukturen, kein permanent
Geplantes, nach den Zeigern aller Uhren!
Freiheit, muss ich fühlen, muss sie spüren!
Des Lebens Gefühl, Sonne, Wind und Regen
Es muss mich berühren!

Unter Druck zu setzen, nach einem MUSS zu
schreiben – dies wird bei mir nicht
funktionieren, es gäbe keinen Inhalt dieser
Zeilen

Ich muss schreiben, was ich fühle, was ich
denke, was ich lebe, was ich liebe, was ich
lenke! Ich sehe mich als Schöpfer und
Ideengeber, begleitet von Wort und Schrift –
Durchgehend von Herz und Leber!

Stupide, primitive Abläufe –
Sie passen nicht in mein Konzept!
Darum, Schreibtherapie,
ganz nach meinem Rezept

Es ist nicht leicht,
mich zu verstehen –
Wer es nicht will, wird mich nie finden –
Selbst nach, - 100.000 Wegen zu gehen -

Ob in Audioformat, E-Book –
Ich bin das Manuskript!
Der Leitfaden, das Inhaltsverzeichnis
Die Gliederung – die Auskunft gibt!

100.000 Bilder im Kopf
100.000 Bilder, die entstehen
Die auf ihre eigene Art und Weise
Ihre eigenen Wege gehen!

Frühlingsanfang

Die Schönheit dieser Welt
Sieht jeder anders!
Jeder für sich selbst
Den Moment, den Augenblick
Alles zeitnah, lebensecht

Die Äste der Bäume
Sie fallen – über mir herab
Während ich hier sitze und das
idyllische Bild der Stadt betrachte

Vogelgezwitscher ist zu hören
Zu sehen sind die Vögel am Himmel
Die Sonne scheint, sie bricht herein
Über das ganze Land

Grün die Wiesen, Knospen der Blüten,
sie gehen auf
Das Leben, es ist am Sprießen, ja –
Es ist ein neuer Frühlingsanfang

Windräder die sich drehen
Blätter, die im Wind tanzen und
verwehen

Bienen die fleißig, diese Erde doch
bestäuben – wärmer werden die Nächte,
die schon Sommerträume erwecken
Wolken am Himmel, die frei
davonziehen, ohne doch in festen
Mustern zu stecken

Reih' an Reih', stehen die Häuser aus
Fachwerk, die aus mittelalterlicher Zeit
doch noch erzählen
Rathaus, Marktplatz, Burg und Schloss
Alle Gässchen und Pfade, von Menschen
doch zu wählen
Vom Schlossblick, hoch oben über der
Stadt
So geht der Blick ins Tal, Haus an
Haus, in der Stadt an der Lahn

Ratsschänke, Bars und die Universität
Marburg an der Lahn, eine Stadt, die
zum Besuch einlädt

Nachrichten

Was kann man glauben
Von all dem –
Was man hört und liest
Und auch sieht!?

Was ist Wahrheit?
Was ist Fiktion?
Was ist fake – bei all dem,
was doch so geschieht!?

Schärfe deine Sinne
Sieh genau hin, bei allen Berichten –
Medien, sie manipulieren, erfinden, dichten
noch hinzu, in ihren Geschichten!

Nachrichten
Die allesamt auf dich wirken
Dienen zur Gehirnwäsche, bis du final alles
glaubst, was sie erzählen!

Deinen eigenen Verstand –
Rate ich,
dir
In Erwägung zu ziehen!

Pauli der Wurm

Der Nährboden gut gewässert
So wachsen nun die Blumen fein
Alles blüht im schönen Bunt
Dies muss der Frühling sein

Die Sonne lächelt und scheint herab
Steht hoch oben, am Himmel auf
Und auch die traurig-grauen Wolken, sie
lösen sich in der Wärme auf

Pauli der Wurm wird schon,
sehr bald sieben Jahre
Er wird groß, bald gehen los –
Die ersten Schultage

So macht Pauli der Wurm nun,
sehr bald erste eigene Schritte
Auf eigenen Wegen –
Ja, dies – sind die Lebensabschnitte

So zieht er hinaus
In die große und weite Welt
Und die Mama weiß,
dass ihn nichts hält

So gibt sie ihm mit,
auf all seinen Wegen

Stets das Beste, Liebe
Wärme auch, für manchen Regen

Rede bedacht und
Sei auf der Hut
Erzähle nicht alles, doch
probiere und habe Mut

Freunde werden kommen
Doch auch, welche die keine sind!
Höre ihnen genau zu
Denn manche sagen „ich bleibe"!
Doch ziehen davon, so wie der Wind

Habe ein gutes Herz
Trage es hinaus
Doch sei behutsam, pass immer –
Immer, stets auf dein Herz auf!

Deine Gefühle
Beschütze sie
Tue nichts Widerwillen – niemals!
Nein, nie!

Bedenke Konsequenz
Und die Folgen auch
Bleibe du selbst!
Bei deinem Lebenslauf

Frau Heidelbeere

Bei Frau Heidelbeere-Maracuja,
in der Apfelbaum-Allee
Dort gibt's Milch mit süßem Honig
Und Holunderblütentee

Bei Frau Heidelbeere-Maracuja
Essen und trinken die Kinder so gern
Und müssen, die Kinderlein abends ins Bett
So liest sie Geschichten vor –
Von der Sonne, vom Mond, dem Stern

Zu Frau Heidelbeere-Maracuja,
kommen die Kinder gerne zu Besuch
Bei ihr gibt's Vitamine und Obst
Und sie liest Geschichten vor, aus ihrem Buch

Leckere Milch mit
Calcium und gutem Honig
Dies gibt's bei ihr in der –
Apfelbaum-Allee

Dazu auch noch,
die Erdbeermarmelade
und Pflaumen und
Johannisbeere-Gelee

Meine Reime (Entgegen der Zeit)

Meine Zeilen, meine Reime
Manche sind wie, felsenschwere Steine!
Entgegen der Zeit
Zurück bleibt die Vergangenheit

Ein Teil spricht dies,
ein anderer schweigt

Schreibe doch mal so
Schreibe mal anders
Schreibe dieses oder jenes
Leute, liebt es oder hasst es!
Lasst es oder lest es!

Ich schreibe was ich fühle und denke
Umso besser – MIR – geht es!

Corona – Das erste Jahr

Handywecker in der
Dauer-Schlummer-Schleife
Drehen 24 Stunden am Tag
So doch unsere Netzwerk-Kreise

Überall sind Apps, wir sind total vernetzt!
Serien werden, sinngemäß dem Wortlaut –
Bei Online-Anbietern „gesuchtet" also gestreamt
Man ist fast schon digital am Leben –
Wenn man genauer, nicht mehr hinsieht!

Biogenetische Experimente
Gewinn wird gesteigert,
es schrumpft dafür die Rente!
Bargeldloses Zahlen, Geld als digitale Zahlen!

Medizin und Wissenschat auf Kurs!
Online-Banking, Online-Schulung, Homeoffice
Was ist bloß, mit unserem System hier los!?

Über Androiden und Science-Fiction lachte man
sich schlapp,
doch die Menschlichkeit,
sie ist sehr knapp!

Buntes Leben

Meine Zeilen, die ich für dich schreibe
Sie sind aus Gänsehaut, um Tränen am Ringen
Denn meine Wege werden enden, es ist gewiss
Doch deine, mein Kleines, sie werden beginnen

Ich würde dir ja, ach so gern erzählen –
So viel aus meinem Leben,
doch es ist in Traurigkeit geschrieben
Also kein schöner Grund, darüber so zu reden

Ich würde dir gern erzählen von hier
Von diesem Leben, alles was du schaffen kannst
Lass dir niemals, nie einreden
Dass du etwas nicht schaffen kannst!
Wenn sie dir nichts zutrauen, dann Liebes
vergiss nicht, es ist lediglich ihre eigene Angst!

Ich kann nie besser reden und erzählen –
Als wie ich schreibe!
Darum schreibe ich dir hier, für dein Leben –
All diese Zeilen

Und auch wenn meine Welt – aus
Schwarz und Weiß besteht und ich diese liebe,
so versuche ich dir trotzdem mit allem was ich
habe, dir ein buntes Leben zu geben

Ich habe dich so gern
Ich liebe dich mehr als, mein eigenes Leben!
Doch kann es nur niederschreiben, besser als –
Zu erzählen und zu reden

Aus dem Tiefschlaf

Der Tag ist gut, die Zeit sie passt
Das Wetter ist perfekt!
Neues Frühlingserwachen, welches auch –
Meine Schreiblust erweckt
Alles blüht auf
Alles wächst erneut
Leben, das aus dem Tiefschlaf erwacht –
Munter wird und sich erfreut

Frische Zeilen nun reimen
Farbenfreude verkünden
Gedanken, die entstehen und blühen
Die Ideen in aller Herzen doch zünden
Sonnenstrahlen die vom
Himmel scheinen
Es tanzen die Insekten, all die –
Großen und die Kleinen

Vögel die am Himmel
All ihre Kreisbahnen ziehen
All die Wolken, die vor –
Schauer und schlechter Laune fliehen
Doch auch der Regen
Er trägt zu allem Erfordern bei
Er bewässert die Erde, dass alles
Doch wächst und gedeiht

Deinen Träumen entgegen

Das Leben ist keine Dauerfahrt,
mit Vollrausch ins Glück!
Mal geht es voran, mal stockt es
Mal geht es einen Schritt zurück!

Mal wirst du fliegen
Du wirst siegen und gewinnen
Doch auch fallen, verlieren – wichtig ist nur,
die Balance, sie muss stimmen
Bringe deine Gefühle
Ins Gleichgewicht
Hör auf dein Herz, doch auch was –
Vernunft und Bauch zu dir spricht

Gehe deine Wege
Stehe immer zu dir
Es gibt keinen, der keine Fehler macht
Glaube mir

Laufe deinen Träumen entgegen
Freie Fahrt deines Meeres, setze die Segel
Gehe hin, wo es dich hinzieht
Auch wenn Stürme auf diesen Wegen
aufziehen, du sollst frei sein, in jeder deiner
Lebenslinien

Auf die Fahne

Ich bin arbeitslos
Und das ist schlimm!
Weil ich doch zum –
Arbeiten geboren bin!
Meine Menschlichkeit
Ist total, irrelevant
Ich diene lediglich zum Zweck
Dies habe ich erkannt

Und so schreibe ich mir dies hin!
Aber auf welche Fahne?
Ich bin ohne Arbeit, eine Schande –
Die ich doch erahne!
Ich schreibe Bewerbung über Bewerbung
Sklaverei-Zeitarbeit ist mit dabei!
Abspeisen wollen sie mich, für einen
Sklavenlohn! Es erntet Frust, Spott und Hohn
Es gibt einen „Appel und ein Ei"!

Das Arbeitsamt ist zuständig, zumindest –
1 Jahr lang, was geschieht – und wohin geht es
dann!?
Arbeitslos! Kosten zur Unterhaltung, mir treu,
bleiben diese bloß!
Arbeitslos! Eine Schande! Ausschuss und
Abstoß!
Arbeitslos! Arbeit fällt nicht in den Schoß!

Texte für die Zukunft

Viele Wege betreten
Viele Straßen befahren
Mit dem Blick Richtung Zukunft
Erinnerungen in uns aufbewahren

DAS SIND TEXTE FÜR DIE ZUKUNFT
ZU WISSEN WO MAN HERKOMMT –
UND WOHIN MAN WILL
DAS SIND TEXTE FÜR DIE ZUKUNFT
AUF DEM WEG MIT SEHNSUCHT –
BIS HIN ZUM REISEZIEL

**ES IST, WIE ES SO OFT UND
BEKANNT
IN MEINEM LEBEN IS'
PLÄNE BIS ZUM HIMMEL –
ZIELE OHNE ENDE,
NUR MEIN GROSSES
REISEZIEL – ES IS'
UNGEWISS**

Kapitel 2 : Einsicht und Erkenntnis

Über Politiker*innen
Verlorenes Glück
Büchse-Bier
Ich spreche im Slang
Kunst und Rampenlicht
Keine Lobby
HANDYS
Des Glückes Dank

Über Politiker*innen

Diese politischen KONJUNKITV-WEISHEITEN

Ich finde sie immer wieder von höchster Klasse!

So würden wir alle einmal –
Davon Gebrauch nehmen,
dann „WÄREN" Schuldzuweisungen noch leichter!

... Meine Ansicht nachdem ich die Aussage eines Politikers gelesen habe, welcher da so schlau meinte, über Corona-Notbremse...
„HÄTTE" – man früher treten müssen!!!

Heißt im Umkehrschluss, jemand wird beschuldigt, es nicht getan zu haben!?

Aber Kleider der Schuld oder Fehler,
die wagt sich niemand anzuziehen!

Verlorenes Glück

Ich renne all der Träumerei –
Doch nur stetig hinterher
Erfolge und Niederlagen,
davon spricht im Nachgang keiner mehr!
Diese Verbissenheit, der Wunsch
Dem Glauben ans Gelingen,
so sehr verfallen – Welche Zeilen,
können mich Nachhause bringen!?

Der Wind pfeift stark
Doch spricht nicht, bleibt stumm
Er denkt, was ich mir sage!
„Man"! „Du Narr, bist du dumm"!
Und jede Träne, die noch fließen wird
Sie bringt nichts zurück!
Sie mündet bloß in das Meer,
vom verlorenen Glück!

Meine Seele fühlt sich an wie –
1000 schwere Steine
Und die Dummheit lacht, während ich –
Ganz allein hier weine!
Bäume stehen da, starren rat- und tatenlos
zu! Alles vergebens meines Lebens
Was ich dachte, plante, träumte, was ich tu

Büchse-Bier

Ich habe viel versucht
Vieles auch begonnen
Manches ist geglückt, tatsächlich ja –
Es ist gelungen!

Stehe nicht mit der
Büchse-Bier an der Haltestelle
Ich habe nur ein zerrissenes Herz
Und mein Leben ist eine Baustelle

Der Verkehr stockt
Reißverschluss-Verfahren scheint fremd
Seele und Gefühl –
Schwer haftende Last, es klemmt

Und alles was man mir nicht ansieht
Alles was man mir nicht denkt
Ist im Innern am Lodern –
Weil jedes Gefühl mein Herz doch sprengt!

Ja ist richtig, ich trinke keine Büchse-Bier
An der Bushaltestelle
Und ich schreibe auch meine Bücher –
Aber, trotzdem ist mein Leben eine
Baustelle

Ich spreche im Slang

Klappe auf – Sound an! Ich chille ab!
Bin zu nah am Leben dran!
Base-Drop, Punch-Line, so läuft Mukke
Ah so fein, muss so sein!

Kick-Beat, Mukke die –
Durch Haut und Ader zieht
Fühl den Rhythm
Und lebe das Lied!

Kummer und Sorgen
All die schweren Lasten
Lass einfach Mukke hören –
Fühl die Vibes aus dem Kummerkasten

Und schon bin ich, nicht mehr allein
Das ist Halt,
in einem dieser Lieder –
So voll und ganz versunken zu sein

Für andere bloß ein Rauschen
Für mich der Strand mit Meer
Lass die Beats takten, nach all der –
Schwere, werde ich wieder locker, leicht
und gedankenleer

Kunst und Rampenlicht

Die Kunst und das Rampenlicht
Das Oberhaupt und die Unterschicht
Symbole, Zeichen, lesen, sehen, verstehen
Erkennen und deuten - Glocken, die läuten
Suchen, bestellen, mieten
Gewinn, Umsatz es geht ums Kaufen
Der Teufel, so sagt man –
Er scheißt auf den größten Haufen

Lottogewinne, Glücksspiele
Achtung, sagen sie!
„Glücksspiel kann süchtig machen"!
Warum lässt man Glücksspiele dann zu!?
Auch ist es so mit Alkohol und Zigaretten
Rauchen kann tödlich sein, ja!
Trotzdem produziert die Industrie –
Tag für Tag, Jahr um Jahr!

Gehobene Klasse, eine wahre Elite –
Scheiße festtreten und unten liegen lassen!
Gesellschaftskritik, muss ich schreiben –
Seele ist am Zittern
Nachrichten, Medien und Presse, sind zu
solchen Texten mich am Triggern!

Keine Lobby

Ich habe weder, professionelles –
Equipment, Kohle noch eine Lobby
Ich schreibe aus Leidenschaft
Meine Bücher, mehr als nur Hobby!

Viel verfasse ich als,
Kritik der Gesellschaft –
Texte angeboten, beworben
Abgelehnt – keine Antwort bekommen

Keine Rückmeldungen von den, tollen
Lyrikwettbewerben, mir geht's nicht um
die Preise! Nein! Was wird aus meinen
Texten, gehen auf unendliche Reise!?

Ich will hier nicht meckern, nicht
jammern oder heulen!
Mir geht's lediglich um die Wahrheit
23 – Bund der Eulen!

Gesellschaftskritik beinhaltet immer
Fakten und Sachstand der Wahrheit
Dies möchte man aber nicht verbreiten
zum Lesen, meine Bücher nicht sichtbar,
gehe unter in all der Bandbreite!

HANDYS

Erinnerung zurück –
An meine Kindheit
Brett –und Würfelspiele, Fußball gespielt
Bis spät in die Dunkelheit

Heute, mehr als –
Zwanzig Jahre vergangen
Heute wird an den Handys,
von früh bis spät gehangen!
Rund um die Uhr erreichbar
Apps völlig normal im Alltag!
Online und digital – so wachsen die Kinder auf
Welch ein Wandel, welch Weltverlauf!

Zu Papier und Feder
Dazu greift noch selten wer
Einheitlich, gesellschaftlich, verschmolzen
Individuell – es zählt nicht mehr!

Social Media ist das Konzept
Kaufen, kaufen, kaufen – das „Heilrezept"
Vergessen und nicht mehr denken –
Denn für uns werden andere, Bahnen lenken

Beständigkeit, jeder erzählt und sehnt sich nach
Beständigkeit, rasant verläuft das Leben, welch
Schnelligkeit!

Des Glückes Dank

Der Mensch weiß
Übermut ist selten gut
Der Mensch weiß
Gier manipuliert den Verstand

Der Mensch weiß
Sucht, bedeutet auch krank!
Der Mensch weiß viel!
Des Glückes Dank!

Der Mensch weiß
Ums Leben und ums Sterben
Der Mensch weiß
Um die Seligkeit und das Verderben!

Und trotzdem; manipuliert, reguliert,
inszeniert, belügt, betrügt – vergnügt er
sich! Kapitalistisch, systematisch,
satanistisch – befriedigt er sich!

Der Mensch will, er will
Er will immer mehr!
Der Teufel reicht, er reicht die Hand
Die Gier steht niemals still!
Er will mehr, immer mehr!

Kapitel 3 : Schreibvielfalt

Schreibvielfalt

Städtereisen

Gr ü ngew ä chs

PLASTIK & filter

Offener Brief (Lockdown, Pandemie)

Schüttelfrost

Weltlage

An solchen Tagen

BLOG AN GOTT: ERFOLG UND RAMPENLICHT

Die Zeit

Synapsen

24-7

KEIN GOLDBESTECK

Na,na - na

Schreibvielfalt

Rettungsweg, Feuerwehr
Kreuzung! STOPP! Kreisverkehr!
Recheneinheit, Farbensystem
Ampel rot, so bleibe stehen

Sonne scheint, Regen fällt
Wettertausch, in aller Welt
Mond tritt vor, Nacht beginnt
Meerestier, im Meer es schwimmt

Linienbus, Schreibverbund
Strafstoß vom – 11m-Punkt!
Abseits, diesseits, Feld und Wiese
Andererseits, einerseits, Argumente gibt's viele

Würfel fällt, Karte liegt
Der Adler fliegt, sein Auge sieht
Kirche, Tempel, Dom und Synagoge
Dichter, Poet und Sozialpädagoge

Städtereisen

Neue Zeilen
Die Welt begreifen
Neues sehen
Städtereisen
Eindrücke und –
Kulturen kennenlernen
Horizont erweitern
Nie endet unser Lernen

Hafenstädte
Dörfer und aufs Land
Hochhäuser, Wolkenkratzer
Großstadt, sehenswürdig allesamt
Im Hochhaus
Hoch hinaus
Plattform, Aussichtsturm
Wind pfeift, Regensturm

Küstengebiete
Sand am Meer
Blick auf die Wellen
Vermisse ich sehr

Frischer Fischfang
Draufsicht, oberster Rang
Kreise ziehen, Straßen befahren
Kreuze auf die Karte, wo wir mal waren

Grüngewächs

Ein Blatt, das fällt – der Wind, der sich dreht
Münze, die auf der anderen Seite liegt
Reines Herz, reine Seele –
In der das Gute überwiegt

Nimm Druck von der Brust
Atme entspannt, so weicht der Frust
Atme die Natur, blicke Wälder und Wiesen
Schaue zu, wie Grüngewächse sprießen

Momente der Ruhe
Frei von; Lärm, Hektik und Stress
Setze dich in Mutter-Naturs Garten
Nun vergesse den Rest!

Kein Gewinn
Kein Verlust
Lediglich, nur –
Frische Luft

Ich liebe die Natur
Himmelblau
So gerne ich doch,
in die weite Ferne schau

Plastik & Filter

Die Welt dreht sich nur noch um Ideale
Und das hat katastrophale –
Auswirkungen
Und mehr noch
Operiertes Lachen, aber im Herzen ein Loch!

Es verschwindet nach und nach
Immer mehr die Natur
Supermodels! Hungertod!
Es zählt nur noch; Schlank und Bombenfigur!

Männer müssen Muskeln haben
Dazu erfolgreich sein und Sportwagen fahren
Die Gesellschaft, sie wird –
Vom Drang und Neid genährt
Was man nicht hat, es wird begehrt!

Welt voller Plastik!
Yeah! It's fantastic!
Alles nur noch in einem Filterschein
Denn alles aus der Natur –
Ist zu gesund, zu echt und viel zu rein!

Künstliche Misch-Erzeugnisse
Und dazu noch pharmazeutische Mittel
In allem Glanz des Zeugnisses
Es geht um den Gewinn, den Reibach
Je mehr Profit, umso mehr der Geist schwach!

Offener Brief (Lockdown, Pandemie)

Sehr geehrte Damen und Herren –
Meine Meinung zur Meinungssperre!
Ähm, Verzeihung… Zur Ausgangssperre!

Diese Maßnahme ist mit Intelligenz
Dermaßen beweidet
Da der Großteil unseres Volkes, nachts ja
schläft, weil es tagsüber nebenbei noch arbeitet

Sehr sinnvoll ist es auch, sich in überfüllte,
öffentliche Verkehrsmittel zu zwängen!
Treu dem Motto; „Gemeinsam be(schaffen) wir
die Infektion so sicher"!
Also frei der großen Tatendränge!

An Arbeitsplätzen wo aber doch
Tausende funktionieren und produzieren –
So soll man aber in der Öffentlichkeit, stets die
Kontakte meiden und reduzieren!

Dies klingt mir auch sehr plausibel
Man merkt sofort, Sie sind gebildet!
Denn am Arbeitsplatz nur, dort das Virus –
Ja nicht wildert!

Schüttelfrost

An manchen Tagen ist mein Geist –
Ganz bei sich, doch findet er keine Ruhe
Er will nicht bleiben, er will ziehen
Er will stetig auf – „Zu neuen Spuren"

Und so spaziere ich
Bei Sinnen und doch, wie verloren
Im Zentrum des Friedens und der Liebe
Wurde ich doch einst geboren

Die Schönheit der Welt –
Wie ich sie sehe und empfinde
Würde ich doch allzu gerne teilen!

Doch diese Vollkommenheit
Sie ist nicht zu beschreiben
In den noch so wundervollsten Zeilen

Und dann;
Schaue ich auf den Weltverlauf,
bekomm einen Kotzanfall und Schüttelfrost!
Es brechen alle Latten am Zaun!
Es kracht vom Bett der Lattenrost

Weltlage

WER GLAUBT; DIE ERDE SEI EINE KUGEL
UND SIE SCHWEBT IM WELTRAUM –
DER LIEGT WOHL FALSCH!
DENN, WENN MAN GENAUER
HINSCHAUT UND ALLES BETRACHTET,
SO STELLEN WIR FEST:

Die Welt liegt Händen von;

Psychopaten und Barbaren —
Und deren Eskapaden
Von Radikalen und Schwachmaten —
Und deren Verdummungs-Paraden
Von Egomanen ohne Erbarmen —
Von Profitgepolten und der Gier, Verfallenen
Also jene die, die —
Sklaverei betreiben und geloben!
Von Kameras und Drohnen —
Die ausspionieren, wie wir leben —
und wo wir wohnen!

Und jetzt kommen jene die da sagen;
„Achtung, jetzt bedarf es der Ironie"!...
... DIE WELT — WIR ALLE SIND EINS!
IHR BRAUCHT NICHTS; NUR ARBEIT
DAVON MEHR ALS ES NUR REICHT!!!

An solchen Tagen

An manchen Tagen, da ist es –
Wieder ersichtlich
Deutlich spürbar ist es, das Gewicht,
es zieht der Ballast, die Schwere nach
unten
Am Arm getragen, die Sorgen
Beladen auch die Schultern
Manche Tage ziehen runter!

Manche Tage ziehen nur so davon –
Wie im Rausch!
Mit diesem langen Atem gibt's den –
Frischen Gedankenaustausch!

An solchen Tagen wie heute
Da ist es – so still um mich
Da bin ich ruhig und in mich gekehrt
Das Herz schwer, der Kopf voll –
Doch mein Inneres so leer!

Mir gelingt es nicht,
mein Leben zu sortieren
Reset! Neustart! So oft schon vergebens

Ich kann vergangenes von dem Jetzt –
Nicht differenzieren
Nicht separieren
Nein! Ich kann es nicht eben mal so
Auf die Schnelle ausradieren!

Und auch an anderen Tagen
Da bin ich echt den Tränen nah
Dieser Wunsch, er brennt –
Ach, wärst du doch noch da!

BLOG AN GOTT:
ERFOLG UND RAMPENLICHT

Ich hatte immer diesen Traum
Ich hielt an ihm fest, mit all meiner Willenskraft
Bühnenauftritte bereits gehabt
Bis hin zur Buchreihe, habe ich es geschafft!

Ich nahm vieles dafür in Kauf!
Opferte Zeit und Geld, alles nahm seinen Lauf
Und nun mit 35, habe ich einen neuen
Denkanstoß, sehe es, wie ich es vorher nicht
sah! Eine neue Einsicht, sie bricht los!

Erfolg haben wollen und Rampenlicht
Der Gedanke er ist verführerisch
Hat der Teufel etwa, sein Auge auf mich!?

Darüber machte ich mir nie Gedanken
Denn das Schreiben ist meine Berufung –
Für diese, möchte ich Gott auch sehr danken!

Gott allein weiß alles
Gott allein kennt meinen Weg
Auch meine Texte und diese –
Sind nicht immer schön gewesen

Denn es war ein harter und steiniger Weg!
Depressionen und Traurigkeit
Frust und Hass verleiten einen schnell in den
Taumel voller Selbstzerstörung und zu Texten
voller Leid

Doch ich war nie und bin kein Mensch –
Materieller Dinge!
Also, tappe ich nicht, in des Teufels, vielleicht
gelegte Schlinge!

Ich wollte immer und will Texte schreiben
Um Menschen zu erreichen –
Mir ging es lange dreckig in meinem Leben
Gott schenkte mir den Weg zu Papier und
Feder, ich lernte über meine Sorgen zu reden

Mein Weg, er wird begleitet von Gott
Und daran glaube ich!
Hier geht's nicht um Knete, Kohle, Profit –
Ich will nur leben, ich bin ich!

Ich brauche kein goldenes Kalb!
Keine Preise, keine Trophäen
Gott du weißt, wenn ich schreibe
So kann ich besser leben

Die Zeit

Das Schreiben
All die Zeilen
Teil von meinen
LEBEN

Ich bin gewesen, der ich war
Ich wurde, der ich bin
Heute nimm ich mir die Zeit
zum –
ÜBERLEGEN

Die Zeit
Verändert dich nicht!
Die Zeit
Sie lässt dich erkennen!

Synapsen

Die Vergangenheit
Sie ist ein langer Schatten
Sie klebt in den Synapsen
Dein Damals, kann dein Jetzt ertappen

Alte Lasten
Altes Gepäck
Nicht mehr zu gebrauchen
Ich werfe es weg!

Doch Vergangenheit, sie klebt –
Bilder zusammen
Und sie lebt – „wohl auf"
Wie Benzin in seinen Flammen

Gelegentlich
Holt sie uns alle ein
Wird niemals vergessen
Wird Teil von uns bleib'n

Es gibt kein,
neues Leben
Aber die Möglichkeit
Aber ab sofort es anders zu gestalten

24-7

08/15 - 110 – 112
666 und auch 2-3
Registriert, gestempelt
Und auch dabei!

SOS, Feuerwerk
Not-Signal
Schlechter Verkauf, Verlust
Rote Zahl

24-7 – 8 bis 8
Dauerbesetzung, durchgemacht
Teilzeit, Vollzeit – permanent
Vitamine A, B, C, D, E – Sonne brennt

UV, FI, ISO – DIN
REFA, QM, H_2O – TNT und Benzin
CNC – MTA
Prof. Dr. der Medizin

Intelligenz – IQ
Guter Preis, Leistungsniveau
BAR, RATE, Kredit
Überzogenes Konto, Fuck! Shit!

Kein Goldbesteck

Was habe ich erreicht?
Ein Narr in seinem Reich!
Fern, soweit – vom Gefühl
Gefallen für das große Ziel
Wege so lang und –
Scheinbar ohne Ende
So leicht war doch der Gedanke
Ans Vollenden!

Gekostet hat es
Meiner Kraft, Zeit und Stärke
Blind gerannt, angespannt
Verlust so mancher Werte!
Zeit vergeht
Es bleibt was geschrieben steht
Zeilen aus lang vergangener Zeit
Alte Tage, bekanntes Leid!

Der Tisch bleibt nach wie vor
Mit Sachen gleich bedeckt
Ich mag auch –
Gar kein Goldbesteck!
Möchte auch kein Silber –
Im Regal haben
Nur Glück und Zufriedenheit im Herzen,
ganz tief tragen!

Na,na – na

Wetter so – naja
Stimmung so – lala
Alles bestens – na,na – na
Brauche Urlaub, Ruhe – ja,ja – ja!

Wieder was geschafft – tada
Auch wieder gelacht – haha
Wieder was verstadnen – a-ha
Lust auf Sonnenschein!? – na, klar!

So vertraut, eingespeist
Gewohnt doch die Wege sind
Wo die Blätter tanzen, zu dem ewigselben Lied –
Welches gepfiffen wird vom Wind

Wie alles doch gleichbleibend ist
Und eine Veränderung sichtbar wird
Wie all das Reine nicht rein bleibt
Weil es doch, vom Zusatz so verdirbt!

Kapitel 4 : Texte für die Zukunft 2

Auf den Wellen der Klänge

Bewegendes

All mein Tun

DIE WUCHT

Schiff

In diese Welt

¾ Träume

Rezeptur zur Struktur

Texte für die Zukunft 2

Die Sache ist die

BETON & STEIN

Ich bin der Blitz

Kunde ist König

Marburger Glück

Die Tinte

Gering, sowie groß

Auf den Wellen der Klänge

Ich möchte nun –
Hier etwas ergründen
In die Tiefe gehen, um die Entdeckung
In den nachfolgenden Zeilen zu verkünden

Was ist die Magie, das Phänomen –
Dass ich die Sprache, die Musik so liebe?
Was bewirken sie in mir,
dass ich dabei doch so viel fühle!?

Wörter die getragen werden –
In Melodien
Frequenzen auf unterschiedlichen
Höhen, sowie Tiefen

In welch lieblichen Einklang
Sind doch Wort und Instrument
Emotionen – ein Leid, das mich doch,
so scheint es mir, gut kennt

Zu gern würde ich doch
Diese Magie ergründen
Wo in mir Wort, Melodie und auch
Gefühl einmünden

Ist es Balsam für die Seele?
Ist es mein Weg, den ich gehe?
Ist es mein Tanz, zu dem ich mich bewege?
Ich stelle Fragen, möchte sie verstehen

Worauf ich wohl
In diesem Leben keine Antwort find'
Diese ist wohl allein,
dem lieben Herr Gott nur bestimmt

Ich lasse mich tragen
Auf den Wellen, auf den Klängen
Durch jeden Liedes –
Wunderbare Stellen

Ist es denn Anerkennung –
Und des Wortes Reiz?
Ist es Kraft und Antrieb –
Von jedem Wortverleih?

Bewegendes

Das Schreiben, ja das Schreiben
Es hilft mir ungemein, beim –
Gedanken Sortieren, beim Disponieren
Auch mein Korrigieren, beim Planen
von jedem Umstrukturieren

Mit der Tinte auf das Blatt geschrieben
Bis zum äußersten Rand –
Welch ein Beistand, wie des Sohnes, an
des Vaters Hand – Welch Zuversicht ich,
doch im Schreiben für mich fand

Ich definiere mein eigenes
Schreibraster
Für jede Seelenwunde
Ein eigenes Schreibpflaster

Worte in Zeilen schreiben
Welche in mir verweilen
Wunden die dort heilen
Meine Reime, auch sehr gerne teilen

Wort für Wort

Es mir doch erträglicher geht
Die Last in den Versen nun –
Niedergeschrieben steht

So können nun Gedanken
Die Plätze neu einnehmen
Die dummen Geister somit,
nun wieder heimkehren!

All mein Tun

Man könnte vielleicht von mir meinen –
Diese Zeilen, ist ein Heuchler am Schreiben
Doch alles was ich verfasse, dies schreibe ich
Hier mit ganzem Herzen, ganz im Reinen

Die Familie ist alles!
Sie steht über jedem erdenklichen Gebot
Denn sie ist Kraft, sie ist Rückhalt
Wie jener Engel in der Not

Und warum fällt es mir so schwer
Wo es doch alles so leicht erscheint –
Keine eigene Familie zu führen, zu sein
Man! Ich könnte hier weinen!

Es ist so schwer, weil es vielleicht doch –
So einfach ausschaut und ist
Mir fällt es schwer, weil mein Leben mit mir
selbst, für mich nicht einfach ist!

Warum ausgerechnet, tut man den Menschen
weh, die einem doch nahestehen?
Ich wollte es schaffen, all die Widerstände
brechen, sie sollten mir nichts ausmachen!

Doch da ist dieser Drang!
Er ist in mir und ich kann es nicht lassen
Ich muss zum Papier greifen
Ich muss meine Zeilen verfassen

Nein! Ich kann es nicht lassen!
Ich habe es doch versucht, auf meinem
langen Weg, wollte ich so manches Mal –
Diese Welt hier hassen!

Ich wollte so vieles ändern, alles was mich
störte – einfach zurücklassen
Das Ganze vergessen machen
Immer wieder sitze ich vor dem Papier
Muss schreiben, Gedanken verfassen!

Irgendwann, eines Tages
Ist dies hier alles Geschichte!
Eines Tages bin ich die Geschichte
Mein Lebenswerk, verfasst in Gedichten

Ich bin wie vom Schreiben besessen
Beim Schmerzen beschreiben, da kann ich
das Leid für einen Moment lang vergessen!

Es wird wohl, nie jemand verstehen,
warum ich so viel schreibe
Und warum mein Leben –
Aus all diesen Zeilen besteht!?

Nur Gott allein –
Er weiß wohl um all mein Tun
Mein Schreiben, die Berufung
Weder für Gold, noch für Ruhm!

DIE WUCHT

Hin und wieder trifft mich die ganze Wucht
All der alten Tage –
Welche ich als Narben trage, von all dem, was
ich vermasselt und verschissen habe!

Und dies alles während sich –
Die Welt hier weiterdreht,
so befinde ich mich in diesem Standbild
Trauer, Reue, Verzweiflung – alles,
was mich nicht weiter bringt

Doch jetzt trage ich noch Verantwortung
Depression – darf ich mir keine erlauben!
Alles was mir bleibt, Gottes Segen –
Und mein treuer Glauben!

An manchen Tag da, hat der Teufel
So ein leichtes Spiel!
Denn er sieht und weiß, meine Last ist
unerträglich schwer, es ist zu viel!

Das Paket, es lastet schwer
Ich will raus aus dem Elend,
in welches ich mich doch selbst
einst brachte!

Weg aus diesem Loch!
Das es doch nicht gibt!
An das, ich nicht zu glauben
Auch nur dachte!

Ich will endlich raus aus dem Dreck
Doch nimm nix von dem Teufelsgift!
Wenn alles in mir zerreißt
Greife ich, wieder zu Papier und Stift!

Mein Leben, meine Gedanken
Meine Freude und mein Leiden
Alles von A bis Z –
Halte ich fest, in meinem Schreiben!

Schiff

Was bleibt, was geht –
Jede Stunde zählt
Das Schiff bricht auf ins,
weite Meer

Die Flut sie treibt, Wind er weht
Beschlossene Sache
Route gewählt – Am Horizont da,
tanzen Sonnenstrahlen umher!

Und wann legt das Schiff
Denn nur an?
Bis alle von Bord gehen und der Kapitän,
dann als letzter Mann!

Der Wind er fegt
Wellen toben, Meeresrauschen
Wellen die zwischen den Gezeiten
So stark doch aufbrausen

So schaukelt – Hin und her das Schiff
Vertraut dem Steuermann, seines Werkes Griff
Im ruhigen Hafen, so dann der Anker fällt –
Man schaut an der Reling hinab
Matrosen an Bord – Es ist an der Zeit
Wir haben es geschafft!

In dieser Welt

Es ist nicht alles Gold was glänzt
Nicht alles ist, so wie es scheint
Der Gang mit schwerem Schritt –
Der Junge aus dem unteren Durchschnitt
Ich habe diese Welt –
Nicht so gemacht, wie sie ist!
Ich habe sie bloß durchschaut –
So wie sie leider, wirklich ist!
Bin ich ihr denn etwas schuldig!?
Oder bin ich es ihr nicht!?

Absagen
Nebenklagen
Antworten suchen auf –
Des Lebens große Fragen!
Mit gutem Glauben
Immer und stetig voraus
Leichtgläubig und naiv –
So bedeutet man dich nur aus!
Trotz all dem, mein Gewissen
Nie verkauft oder entstellt!
Nur bisschen Frust und Wut
Hege ich auf so manches in dieser Welt

¾ Träume

Ich habe weder Katze oder Gaul
Mein Name ist auch nicht Paul
Zurzeit besitze ich keine Arbeit –
Doch ich bin nicht faul!

Ich habe ¾ Träume
Eine halbe Portion Schlaf
Mein Weg ist noch ein weiter
Von viertelvor bis viertelnach!

Ich habe auch weder
Hamster oder Maus!
Ist das Wetter mies bestellt –
So gehe ich nicht raus!

Ich lebe auf Miete
Habe kein eigenes Haus
Radda-tadda- tada, Radda-tadda-dort
Apropos, ein Araber –
Er reitet gerade hinfort!

Rezeptur zur Struktur

Problem-orientiert ←
Lösungs-fokussiert →

2 Begriffe
2 Wege
2 Ansichten
2 Arten der Herangehensweise

Die Rezeptur –
zur Struktur
Wo beginne ich und –
Wohin geht es und ich denn nur!?

Was will ich erreichen
Was prägt mich stärker, der Beiden?
Hänge ich im Muster von –
Dem Begriff, Problem vielleicht fest?

Der Begriff mit der Lösung
Diesen möchte ich doch. in Erwägung
ziehen
Zur Lösung der Probleme, dorthin doch
fliehen

Texte für die Zukunft 2

Im Kopf die Vision, auf dem Papier mein Traum
Luft zum Atmen, in der Enge von diesem Raum!
Steine fressen, Gedanken bluten, längst erkannt –
Das Leben zwischen den Ratten und den Guten!
Ich habe nur gehofft, geglaubt
Ich habe mir gewünscht
Dass man mich versteht, auf dem Weg
Den ich doch schon so lange geh'

Doch der Weg ist einsam
Der Schmerz macht stark!
Abbruch, Rückkehr –
Wo ich nicht zu denken, dran vermag!
Eifern, konsequent – Seele in Schutt und Asche
Herzenswille, der im großen Feuer brennt
Was am Ende vielleicht übrig bleibt –
Im härtesten Falle, ein Schatten meiner Zeit!

Kann mich nicht geschlagen geben
Habe nur dieses eine Leben!
festgebissen und entschlossen
Ziel vor Augen, drauf geschossen!
Niemals unterkriegen lassen
Sollt mich satt in falscher Liebe, ehrlich hassen!
Schwer ist mein Weg, seit dem ersten Schritt
Fall auf die Fresse, auf das harte Granit!

Die Sache ist die

DIE SACHE IST DIE;

DAS WETTER IST GUT
IDEEN HABE ICH VIELE
PACK ES NUN AN, AUF DIE
TRÄUME
AUF DIE ZIELE!

Ohne Träume, keine Ziele
Ohne Ziele, kein Wille
Ohne Wille, keine Wege
Ohne Niederlagen, keine Erfolge

Träume sind nicht bunt
Und auf einen Schlag,
auch nicht wahr!
Träume sind gebaut auf langen
Wegen
Nur wer daran glaubt,
kann sie auch leben!

BETON & STEIN

Aufgeben
Keine Option
Hindernislauf
Meine Dauer-Mission

Finsternis
Soll wohl so sein
Last auf den Schultern
Wie Beton und Stein

Schwerer Weg
Eine Zeit aus Blei
Alles geht zu Ende
Dann ist es aus und vorbei

Auf dem Weg ins Paradies
So werden die Flügel gestutzt
Für die erreichten Ränge, das Ziel
Wird man belogen, verprasst, benutzt

Vieles probiert
Das Große und Ganze im Visier
Doch du kriegst,
nichts geschenkt im Leben hier!

Ich bin der Blitz

Aus eigener Kraft, mit eigener Stärke
Treu sich selbst, es komme was werde
Ich halte fest an meinen Werten –
In meinen Worten, all meinen Werken

Gelitten und geblutet
Für mehr als ich bekam, habe ich gezahlt
Narben unter der Haut
Nichts für umsonst, es kommt der Tag!

Wenn die Welle bricht
Wenn die Flamme sticht
Und wenn das Wort hier spricht
Dann bin ich am Ziel, es ist in Sicht!

Das Leben der Sturm, ich bin der Blitz
Ich schlage hier ein, das Ding ist geritzt!
Beschlossene Sache, alles was ich mache!
Brauche kein Abzeichen!

Kämpfe schon, seit der ersten Klasse!
Alles vertraut seit Kindertagen
Als wäre es gestern,
ich werde auf nix mehr warten!

Kunde ist König

Organigramm
Mitarbeiterstamm
Einer ist immer an letzter Stelle!
Der Letzte, bekommt immer die Schelle!

Nur der Kunde ist König
So denkt der Chef, den krön' ich
So läuft die Arbeitswelt gewöhnlich
Nur der Taler zählt noch, ist denn möglich!?

Und auch bei Zigaretten
Da ist der Kunde doch König
Mit der Gefahr verwiesen –
Das Rauchen ist tödlich!

Auch beim Alkoholkonsum
Da ist der Kunde doch König
Alkoholgenuss im Überschuss –
Auch hier die Gefahr, saufen ist tödlich!

Auch ein Stadionbesuch
Da ist der Kunde doch auch der König
Hohe Preise für 90 Minuten –
Das ist schon außergewöhnlich!

Marburger Glück

Hinweg der Schlossmauern, so weift der Blick
So betrachte ich das Panorama der Stadt
Ich spüre den frischen Wind –
Welcher entlang der alten Schlossmauer zieht

Ich schreibe diese Zeilen
An einem etwas frischen Frühlingstag
Aus der Stadt;
Marburg an der Lahn

Häuserblöcke, alte Fassaden
Doch auch neue Gebäude
Erhaltenes Fachwerk aus alter Zeit
Von damals bis heute

Ich versuche, mich nur –
Auf dieses Bild zu konzentrieren
In Wort und Schrift somit,
das Bild doch zu beschreiben
Die Eindrücke und die Gefühle festhalten,
in all diesen Zeilen

Richtsberg, Cappel, Ockershausen
Weidenhausen, Marbach und Wehrda
Weit reicht der Blick –
Wohl auf, für das Marburger Glück

DIE TINTE

Viele Gedanken, neue Zeilen
Sie schwirren umher, leider aber –
Ist die Tinte meines Füllers
Wieder einmal erneut, doch leer

So schreibe ich bis zum –
Letzten guten, edlen Tropfen
Vielleicht muss ich ja,
einfach bloß die Gedanken dichter stopfen

Solange die Tinte noch hält
Ist es ums Schreiben noch gut bestellt
Bis doch der letzte Tropfen fließt
Diesen Text man, doch noch zu Ende liest

Meine Gedanken ziehen in Freiheit
Frei von festem Raum in aller Zeit
Ich schreibe gegenwärtig und –
Es trocknet schon Vergangenheit

Gering, sowie groß

Ich setze aufs Ganze
Ich ziehe mein Los
Die Chancen sind gleichwertig –
Gering, sowie groß

Ich träume so viel –
In der Realität
Verfasse Gedanken auf Papier
Meine Spezialität

Worin wiegt Glück?
Ist es greifbar, kommt es zurück?
Moment voller Schönheit
Ein kurzer Augenblick

Was ist verzögernd
Was, rasch und rasant?
Wir drehen uns im Kreis
Jeder von uns, wir allesamt

Was ist ein Traum wert?
Worin steckt ein Ziel?
Vieles läuft kaum, nur verkehrt!
Timeout, Würfel er fiel!

Bonus-Material

Wirklichkeit
FLAMME
Jahr & Zeit (Corona – Ausfall von Bühnen)
G-E-L-D
Das eigene Ziel
Geschichte, sie steht
Sonnenwärme (Kurzgedicht)
Bei aller Wahrheit
Wie geht's weiter?
Gut & Böse
Implodieren
Ans Gute glauben

Umbruch der Gewohnheiten (These)
Wecker (Gesellschaft,-politischer Kontext)

Von Kopf bis Fuß
Nun mal so
Kühlregale
Flocken

Wirklichkeit

Am Parkplatz, mein Auto steht
Die Welt scheint ruhig und geordnet
Pflastersteine, grünes Gras, das ich seh'
Tief in meine Gedanken ich geh'

Träume und Traurigkeit
Vermischen und verbinden sich
Sie werden zu einem Gefüge
Schön, aber unwirklich

Die Fantasie, sie malt in –
Allen zur Verfügung stehenden Farben
Noch mit dazu am Bild
Hektik und Unruhe, werden still von ganz wild!

Sehe Bilder im Kopf
Bilder in denen doch alles in –
Allerbester Ordnung scheint
Doch bin ich traurig, Seele sie weint

Nichts ist wahr, von all dem –
Was ich in meinen Träumen seh'
Wie sehr ich mich auch bemühe,
wie weit ich auch, meine Wege schon geh'

Flamme

Mein Leben lief nicht immer nur –
Wünschenswert und an der Linie entlang
Ausschlagendes Muster im Raster
Seit Beginn der Zeit schon an!

Eigene Wünsche, Vorstellung vom Leben
Frei jeglicher Struktur, Zeit tickt von der Uhr
Entgegen der Zeit –
Das Motto, zu meinem Geleit!

Träume, Wille, Können
Für meine Ziele bin ich „am Brennen"
Feuer, Hitze, Flamme
In aller Stärke, die Kräfte sammeln!

Hin und wieder Zweifel, ein Bangen
Hinfallen, aufstehen, neuanfangen
Kämpfen – verlieren, kämpfen – gewinnen
Vollen Einsatz stetig erbringen!

Es gibt Tage, an denen sitze ich so da
Ich bekomme nichts auf die Reihe!
Zu viele Gedanken, der Kopf stottert –
Ich könnte fortlaufen vor mir selbst!
Dies ist keine schöne Art der (ER)Lebensweise

Jahr & Zeit (Corona – Ausfall von Bühnen)

In meinem Gemüt da,
zieht wieder ein Gefühlsfront auf
Depressiv verstimmt, traurig –
So leer, welch seltsamer Verlauf

Trübe Stimmung
Doch, mehr vom Grau als vom Blau
Traurig wartend auf Trost,
ich in den Himmel schau

Überwältigt vom
Gedankenstrom
Ein einsam und –
Verlorener Sohn

Gedanken sie ziehen
In die Ferne so weit
Durch Wind und Wetter
Durch Jahr und Zeit

Es fehlt mir wahrlich sehr
Ein –Vorlese-Auftritt–
Ein wahrhaft großer
Lebenseinschnitt!

G-E-L-D

Fakt ist;
Es geht nur ums Geld!
In dieser –
Einfältig-gepinselten Welt

Und so trage ich zusammen
Meine Wahrnehmung, meinen Frust –
Wohlbedacht, dass die Welt, die Gesellschaft
liest, was ich hier einst habe verfasst!

Ich atme tief durch
Und beschreibe diese –
Primitive – idiotische
Lebensweise dieser Welt

Wir kommen und gehen
Wir funktionieren
Für ein paar Scheine mit Banknoten
Wir nennen es G-E-L-D

So stelle ich
An dieser Stelle hier
Alles in Frage, bei allem was ich
Schreibe und sage
Auch mich, mich inbegriffen...

Das eigene Ziel

Auf deinem Weg bist du lange allein
Fest entschlossen ihn zu gehen –
Für diesen stehst du voll und ganz ein!
Und du gehst und du fragst dich;
Wo ist auf diesem Weg vielleicht ein Freund –
Der die gleichen Ziele verfolgt und –
Auch die deine Träume, wohl träumt!?

Fakt ist, der Weg ist hart! Aber lass dir gesagt
sein, er ist richtig, gehe ihn weiter!
Denn lediglich wer aufgibt –
Nur der, der wird mit Gewissheit scheitern!
Und bedenke das Ziel beim Überlaufen der
letzten Linie –
Denn dann hast du plötzlich ganz viele
„Freunde" gar, ganz viele!

Der Einzige, dem du voll und fest vertrauen
kannst, bist immer nur du selbst!
Merke dir das, merke es dir gut!
Und ich habe Regentage, trotz trockener
Straßen – hinter mir 1000 Kreuzungen, die ich
schon zurückgelassen habe

Doch kein Weg ist zu weit für das eigene Ziel!
Keiner weiß um deine Kraft, um deinen
Glauben!
Dies ist dein ganzes Lebensgefühl!

Was gebe ich dir mit?
Diese Gedanken, die ich mir mache – für dich!

Geschichte, sie steht

Jahre verstreichen
Die Zeit vergeht
Namen ändern sich, doch –
Die Geschichte steht

Lieder werden gesungen
Lieder werden geschrieben
Werden vergessen, aufgefrischt, gecovert
Ganz nach belieben

Musik bewegt
Musik begleitet
Vielfältig in jeglichen –
Themen doch verbreitet

Gesellschaft, Feierlichkeit
Auch philosophisch
In Reim und Refrain
Strophe für Strophe frisch

Lyrik verfasst
Zum Klang und Gesang
Manche Lieder begleiten einen
Ein ganzes Leben lang

Sonnenwärme

Sonnenwärme
Auf der ganzen Haut
Frühlingsduft, Lebenslust
So vertraut

Jedes Jahr immer –
Zur gleichen Zeit
Ja dann erweckt,
doch immer alles neu

Bei aller Wahrheit

Was, ist wirklich wahr?
Kennst du das Bild aller Wahrheit?
Die Messer werden gewetzt
Manipulativ, gegen dich dann eingesetzt!

Glauben, hören, sagen, sehen
Sei nicht dumm, naiv – lerne zu verstehen!
Sieh nochmal genauer hin
Zwischen den Zeilen, da steht was drin!

Je leichter du alles glaubst
Desto besser haben sie ihr Spiel!
Je schneller du ihnen traust,
infizieren sie dein Gefühl!

Drum gebe ich dir diesen Tipp
Lerne zu hinterfragen
Bei allem was sie auch von sich geben
Bei allem was sie sagen

Wie so oft, hörte ich schon im Leben
Von den Zungen mancher Schlangen reden
Leere Versprechen, vieles nicht eingehalten
Du kannst nichts darauf geben!

Wie geht's weiter?

An manchen Tagen, da frage ich mich
Wie geht's bloß weiter mit mir?
Anstatt die Zeit mal zu genießen,
klopfen da Zweifel an die Tür!

Die Sonne scheint
Bin im Frühling schon drin
Schatten ziehen durch meine Gedanken
Nichts als Leere und Trübsinn!
Mir geht es scheiße!
Ich spreche es aus, zu mir selbst –
Flüsternd, so ganz leise

Und die Stimme sagt
Genieße das Wetter, nutze es aus!
Denn mein eigener Himmel –
Er ist verschmiert im Grau!
Ich weiß, dass ich anders bin!
Und ich weiß, mich zu verstehen –
Bekommt man so leicht nicht hin!

Ich könnte Tränen sprechen lassen
Doch möchte lieber diese Zeilen hier verfassen!
Und ich träume bloß mein Leben
Die Zeit vergeht und stehe nur daneben!

Zerschlagenes Leben
Verbrannte Träume
Mauern nur noch Fassaden
Eingestürzte Gebäude!

Es ist so schwer, sich aus all den –
Trümmern zu erheben
Und endlicher wieder erneut
Das Leben doch zu leben!

Gut & Böse

Die Traurigkeit blockiert
Realität – sie frustriert!
Wille und Entschlossenheit mutiert
Das Traumziel – es explodiert!

Meine Gefühle sie,
sind die Zeit am Konservieren
Mein Leben es ist,
derzeit stark am Stagnieren!

Gedanken über Gedanken
Doch nichts ändert sich
Zumindest erscheint es mir so
Oder erkenne ich bloß die Zeichen nicht!?

Alles vergeht und doch –
Alles bleibt
Meines Geistes Erneuerung
Die Feder schreibt

Gut und Böse
Ich muss es ertragen
Gott und Teufel –
Ich werde meinen Gott niemals verraten!

Implodieren

Manchmal könnte ich,
von der Masse meiner Träume –
Implodieren
Dann würde ich allzu gerne,
den Ballast der Realität zum Schrottplatz –
Exportieren!

Ich bin leider kein erfolgreicher Geschäftsmann
Nur ein Mann, der Zeilen schreiben kann!

Verfolge tausende von Zielen
Geleitet von tausenden von Gefühlen
Tausende von Träumen am Verfolgen
Werde von Depression und Dämonen gejagt!

Macht mich wohl zum miserablen Vater!
Nur einer, der vielleicht zu selten da war!?
Getrieben und gehetzt von meinen Träumen
Kann die Wünsche und Gedanken leider nicht,
in diesem Leben hier beiseite räumen!

Doch ich liebe dich mein Kind!
Was auch immer noch –
Der Regen, die Sonne, was auch
Jede Wolke bringt!

Ans Gute glauben

Es fällt immer schwerer ans Gute zu glauben
Zweifel reißen mich aus dem Gleichgewicht
Mein ganzes Leben besteht schon aus –
Einem einzigen Nachdenken!

Gedanken, die dabei schon –
Schweifen konnten, sie sind ein einziges
Gedankenuniversum

Durch jeden Raum, in aller Zeit
Habe ich gesandt, Gedanken weit
Und wenn ich denke, so muss ich schreiben
Worte + Bilder zwischen –
Kommen, gehen, bleiben

Der Kopf er drückt
In der Seele da klemmt's
In Flammen das Herz –
Denn Feuer fängt's

Fühle mich wie ein Drachen, der Feuer spuckt
Um es zu löschen, der dazu Benzin schluckt!
Gefangen im Käfig, hinter Gedankenstäbchen
Zu sehen, ist kein drehendes Rädchen!

Umbruch der Gewohnheiten

Das Schwierigste aller Schwierigkeiten ist es – einen Umbruch zu planen, diesen auch umzusetzen.

Wir gewöhnen uns, wir gewinnen vertrauen an routinierten Abläufen. Sie verschaffen uns das Gefühl von Sicherheit.
Somit also, eine Beständigkeit.

Gewohnheit –
Gewohnheit ist das Schlüsselwort.

Wir müssen Gewohnheiten ablegen, um anders denken und anders handeln zu können. Wir sind geprägt, beeinflusst, gar vereinnahmt von unseren Erlebnissen und Erfahrungen.

Wir rutschen in Muster, neigen nahezu sie als „eigen" zu machen.
Ein Beispiel;

Ich schreibe Bücher, ich verfasse auch diesen Text. Nun nehme ich an fünf verschiedenen Lyrik-Wettbewerben teil. Nach und nach bekomme ich die Rückmeldungen, dass meine Texte leider für die Auswahl des Gewinners nicht in Frage kommen.

Keine Siege! Das heißt; ich sage mir – weil ich dem Tatbestand zuspreche, dass ich niemals einen Wettbewerb gewinnen werde…
Glaubenssätze! Dies ist einer, einer mit einem negativen Inhalt!

Glaubenssätze, können sich in unseren Gedanken festbrennen.

Veränderungen vorzunehmen, gerade wie ich jetzt im Alter von 35 Jahren, fällt gar nicht so leicht!
Denn ich muss offen sein, meine Gewohnheiten ablegen zu wollen!
Dinge also nun anders sehen, angehen, wahrnehmen – um etwas zu ändern!

„Somit muss ich etwas anderes tun, wie ich es bisher immer getan habe"!

Oftmals können Gewohnheiten auch durch Ängste verfestigt werden. So halten wir sogar gegebenenfalls an negativen Gewohnheiten fest. Das kuriose dabei ist, dass aus Angst, vor der Angst gehandelt wird. Die Angst, die uns ohnehin vielleicht leitet oder bewusst ist, hat Angst vor einer Änderung, vor einer „Unbekannten".

Ich möchte nun das Träumen meines Lebens beenden!
Ich möchte nun die Träume zu Plänen und Strukturen formen!
Nicht die Anläufe sind dabei entscheidend, auch nicht, wenn ich nach dem 20. Versuch – welcher vielleicht ein 20. Scheitern bedeutet...

„Entscheidend ist, sich den Gewohnheiten zu stellen, sie anzugehen und versuchen etwas zu ändern"!

Fasse ich nochmal alle wichtigen und elementaren Wörter oder viel mehr die Eigenschaften meiner Bereitschaft

zusammen, welche ich für
Veränderungen benötige;

MUT
GEDULD
DURCHHALTEVERMÖGEN
KRAFT
ZEIT
WILLE
GLAUBE
ENTSCHLOSSENHEIT

Die größte Herausforderung, um die
Gewohnheiten abzulegen, ist wohl das
eigene Umfeld! So sieht es zumindest bei
mir aus!

Das Konstrukt in ich tagtäglich, oder in
dem wir tagtäglich leben zeichnet sich
wie folgt ab;

DAS „EIGENE ICH"
DAS INNERE KIND
ARBEITSGEMEINSCHAFT
GESELLSCHAFT
FAMILIE

Mit oder ohne, psychischer Beeinträchtigung oder anders formuliert mit einer „Besonderheit" im Leben, ist es so oder so –
Der eigene Wille!
Der Wille ist entscheidend!
So setze ich mir nun, bewusst wieder kleine Tagesziele zwecks einer Selbstkontrolle, um derer Erfolge auch zu erlangen!

Wecker

An jedem Morgen stellen wir uns doch –
Den Wecker der uns wecken soll
Doch an Stelle vom Aufwecken, muss ich
mit Schrecken, doch entdecken und auch
feststellen –
Dass der Wecker, der uns wecken soll,
uns gar nicht weckt, sondern uns wieder
in den Zustand schickt, zwischen IST und
SOLL!

Es ist schon lange nicht mehr nur, „kurz
vor zwölf"! Es ist schon lange, lange weit
darüber hinaus, doch keiner beachtet es
und der Wecker, sicher – steht er doch in
einem jeden Haus!

Der Wecker weckt uns auf
Auf den Wecker verlassen wir uns –
Doch immer wieder drauf!
Doch dass der Wecker, gar nicht weckt
Sondern nur dem Soll, den Sinn bezweckt
Dies haben wir noch nicht entdeckt!
Denn der Wecker nur, zu seinem Zwecke
dient und uns somit für den Zweck nur
weckt, dass es lange schon „nach zwölf

ist" ist noch gar nicht entdeckt, denn der
Wecker weckt, bloß zu unserm SOLL,
darin steckt des Weckers Zweck!
Doch ich sage euch, schaut nicht mehr
länger weg!

Der Wecker, der uns weckt –
Der Wecker er wird falsch verwendet
Man hat des Weckers, wecken –
Ganz still und heimlich zweckentfremdet!
Alarmsignale und Sirenen, bleiben stumm
Denn der Wecker, der uns weckt am
Morgen, weckt uns – ja – seid brav und
dreht euch nicht mehr rum!

Denkt auch nicht drüber nach
Denn der Wecker, weckt dich ja aus dem
Schlaf! Der Wecker, weckt dich für den
Zustand zwischen IST und SOLL –
Wahrlich aufwachen, ist ja das Jene,
was ein unser gar nicht soll!

Von Kopf bis Fuß

Mit Gedanken schlafe ich ein
Durch Gedankenträume wache ich auf
Mein Leben spielt sich ab in Gedanken
Tagein und tagaus

Oft mache ich es mir –
Selbst doch so schwer!
Gedanken über Gedanken
Kopf zu voll, Schultern so schwer

Muskeln verkrampfen,
vom ständigen Anspannen
Von Kopf bis Fuß –
Es ist wie ein Gehen im Treibsand

Mir kribbeln die Nerven –
Ganz tief unter meiner Haut
Für jeden soll man maßgerecht hier sein
Klar! Dass das, nie und nimmer hinhaut!

Melancholisch, traurig
Nachdenklich, tiefgründig
Es zeichnet mich aus, es ist das, was ich bin
Anders zu sein, bekomme ich niemals hin!

Nun mal so

Wenn ich schreibe, bin ich –
Weit entfernt, ganz weit weg
Vom Klageleid und all dem –
Ganzen Abfalldreck!

Anspannungen, Verkrampfungen
Alles löst sich auf
Darum komme ich niemals,
raus aus dem Kreis, vom Schreibverlauf!

Schmerzen werden taub
Die Stille –
Sie wird zu meiner Stärke
Und der Wille, er wird hörbar laut

Ohne das Schreiben –
Wäre denkbar,- kein Bleiben an,
Orten und Stellen!
Ich suchte ständig das Weite

Aber das Weite suche ich ja ohnehin
So oder so!
Festgehalten wird alles hier in Worten
Ich bin nun mal so!

Kühlregal

In der Regel,
haben Einkaufszentren
6-8 Kassierer-Kassen
Welche sie in der Regel,
aber nie so wirklich –
Vollbesetzen lassen!

Die Einkaufsschlange,
sie schlängelt sich bis –
Zu den Kühlregalen
Weil der Personalchef,
möchte am Personal –
Nur allzu gerne einsparen!

So müssen die Kassierenden –
An ihrem Fließband fast schon,
im Akkord doch schaffen!
Doch der Personaler,
er will sich darüber aber –
Gewiss doch keine Sorgen machen!

So müssen sich Kunden erst beschweren
Um den Personaler zu empören
Bis dann freundliche eine Tonbandstimme im
Laden informiert;
„Wir öffnen gerne eine weitere Kasse für Sie"

Flocken

Wieder laufe ich durch die Straßen
Versuche meine Gedanken –
Meinen Geist zu sortieren
All die Dinge,
die mich beschäftigen und die –
Die in meinem Hirn kreisen sind;
Zu überlegen, zu erreichen, was ich schaffen
möchte

Es gibt alles schon –
Es gibt Menschen, die schreiben Bücher
Es gibt Menschen, die machen Musik
Jeder weiß alles, jeder möchte etwas
mitteilen und sich präsentieren

Und dann kommt mir der Gedanke,
den ich belächelnd nun hier reime
Mit Humor und Slapstick im Ton
Denn auch Spaß muss sein, dies ist der
meine;

„Jeder denkt doch hin und wieder mal daran
Die Flocken müssten fliegen –
Ich kann die Taschen, ja nicht voll genug
kriegen"

Bonus-Material Teil 2

Pusteblumen
Gewöhnlich
Autoren-Ich
Ohne Zäune
Teppich
Schriftstückzahl
AKW und PSE
Für Jonne

Gefühls-Down
Halb-ironisch-auch-traurig

Ende der Entgegen der Zeit-Reihe! (Buchende)

Pusteblumen

Erinnerung zurück an die –
Wunderbare und an die,
fabelhafte Kindheit
An die verspielte; „ich puste Pusteblumen"-Zeit

Als die Schneeflocken
Uns noch mit Glück und Freude beschenkten
Heute im Leben geht's um andere Flocken!
Wie sich doch im Leben, all die Dinge wenden

Und man wollte doch als Kind, selbstsicher –
Und voller Zuversicht den Wind einfangen
So musste man doch lernen nach dem Fallen,
wieder aufzustehen und von vorne anzufangen

Jeder Regenbogen
Er war ein Phänomen
Ach ja, schön die Welt – noch einmal
Mit den Kinderaugen zu sehen

Man hat geteilt, war weit entfernt
Von all dem Neid!
Was ist geschehen? Ist es, um zurückzugehen,
zu spät und auch zu weit!?

Gewöhnlich

Das Wort -Künstler- versuche ich
Für mein Leben und mich
Nicht zu stark zu verwenden, denn
Es könnte überheblich und aufstoßend, mir
eines Tages durch Magen und Gemüt ziehen!

Wir Menschen sterben wohl –
Immer nach Auszeichnung,
einer Extra-Benennung...
Wir sind doch alle individuell!
Punkt!

Kunst macht jeder von uns!
Einer, im Sinne – seine Dinge zu publizieren
Ein Anderer, gestaltet seine Kunst,
im Stillen und als „gewöhnlich"

Jeder von uns, macht sein Leben –
Zum Kunstwerk
Der Maurer, der Bäcker, der Metaller, der
Pfleger

Denn die Kunst ist –
Sein Leben zu gestalten!
... Jeder auf seine Weise

Autoren-Ich

*(Meine 5 Begriffe Schreiben, Musik, Autoren-Ich,
Berufung, Leben)*

Mein Schreiben, es ist alles
Denn das Schreiben ist Liebe
Die Zeilen, sie verfassen –
Gedanken, die ich nie verliere

Jetzt gerade schreibt mein
Autoren-Ich;
„An Christian" ja –
Selbst gerade an mich

Es fühlt mit der Musik
Es lebt mit Herzgefühl
Es liebt dieses Leben, wenn
Worte sprechen in den Zeilen, eben

Das Autoren-Ich, es fühlt sich –
Wahrhaft aufblühend, lebendig wenn,
es seiner Berufung folgt
Die Wortfamilie gut pflegen, was es immer
wollt'
Und so lebe ich, so teile ich –
Christian –
Beim Lesen, die Erfüllung mit dem Autoren-Ich

Ohne Zäune

Ich will Räume, für meine Träume
Ohne Zäune, -
Die mich eingrenzen!
Ich will leben, alles geben
Auf meinen Wegen, -
Nicht ständig bremsen!

Ich will mich entfalten, will gestalten
Mich soll nichts halten, -
Im Käfig oder Zimmer!
Ich weiß ich bin wer, bin mehr
Mein Geist, er ist nicht leer, -
Doch sie haben keinen Schimmer!

Ich existier', jetzt und auch hier
Mein Leben, es ist mir, -
Für meine ganze Lebenszeit!
Ich philosophiere, ich kreiere
Ich kommuniziere, -
Folge meiner Berufung weit!

Teppich

Auf dem Teppich bleiben
Unten auf den festen Grund blicken
Dies sind meiner Füße Wege
Seit den ersten Schritten

Sich keinem Höhenflug ergeben
Denn alles in allem, ist es LEBEN
Sonnenschein und Regen
Treffen und daneben treten

Wolken ziehen auf
Wolken ziehen weiter
Lebenskreislauf
Gewinnen und auch scheitern

Siege sind schön –
Denn man kann sie feiern
Doch Niederlagen lassen uns sehen –
Wir wachsen an ihnen weiter

Was wird es nur werden,
für ein überwältigendes Gefühl –
Nach 1000 Fehlschlägen,
diesen einen großen Sieg zu erleben!?

Aber! Auf dem Teppich bleiben!

Schriftstückzahl

In ruhigen Minuten –
Allein dasitzen
Gedanken fassen, ergreifen
Verfassen und beschreiben

Den Augenblick –
Diesen ganzen Moment –
Ihn ganz, bewusst wahrnehmen
Ganz und gar, die Lust am Leben fühlen

Dies sind positive Zeilen –
Eines doch so trüben Autors
Etwas heller also, wie das Dunkel –
Des schwarzen Humors!

Es sind eine Art leichte Gänge
In einem schweren Getriebe
Wie eine Abkopplung –
Der guten, von den schlechten Gefühlen

Hell und Dunkel, schwarz und weiß
Nichtsnutziges Stück und hohes Maß an Fleiß
Hoher Einsatz und wenig Elan, nun ein –
Weiterer Text – an des Autors Schriftstückzahl

AKW und PSE

Ein Jeder möchte ein Stück –
Vom ganzen Kuchen
Die Lorbeeren-Blätter und den,
Erfolg für sich verbuchen!

Trophäen, Pokale, Preise
Gewinne und Traumreisen
Den Podiumsplatz erklimmen
Kandidieren, für möglichst alle Stimmen!

Hierarchien
Pyramidenaufbau
Ach, der Mensch er hält sich für –
So clever, für sehr schlau!

Organigramme
Für alle Zeiten Spanne
Regen fällt vom Himmel
Wasser kommt in die Wanne!

AKW und PSE
Größenwahn und BSE
Reaktor, Redakteur und Animateur
Rektor, Dilettant und Amateur!

Für Jonne

(Die 5 Begriffe von Jonne; Harmonie, Flieder, Bizarr,
Supercalifragilisticexpialigetsich, Christmas)

Ich fühle mich so sehr geborgen
Natur, sie ist sich um mich, wohl am Sorgen
Ich mag es hell und freundlich –
Ein Leben wie in Poesie, ich bin in meinem
Zentrum, lebe in meiner ganzen Harmonie

Ich mag all die Farben der Natur
Wenn sie blühen, so schön bunt –
Wie textlich, der schönste Inhalt aller Lieder
Ich mag den Anblick, auf das so –
Wunderbar, anzusehende, bezaubernde Flieder

Alles was ich fühle, atme –
Was ich lebe und spüre, so natura und klar
Leben ist wahrlich, einzigartig, sonderbar
So geheimnisvoll, aufregend und bizarr

Und mit Worten so schön und vielseitig –
Ist dieses Leben gar doch so überwältigend
manches Mal scheint es mir so unbeschreiblich
Einfach so; Supercalifragilisticexpialigetsich

Und am Ende jeden Jahres
So ist es und so war es
Dann beginnt eine magische, verzauberte
Wintermärchenzeit, in all der weißen
Herrlichkeit – Die Ankunft, Gottes Sohn –
Fröhliche Weihnachten
Yeah, it's christmas, die besinnlichste Zeit
Ja, sie ist es

Gefühls-Down

Hin und wieder
Hasse ich dieses Leben
Ich kann es nicht mehr sehen
Jeden Tag das gleiche Geschehen

Ich kann nicht mehr
Halte es nicht mehr lange aus
Tagein, tagaus, fresse ich dieses Leben
Und ich kotze es langsam wieder aus!

Dann ist der Hass
Auch auf mich selbst gerichtet
Zum Schrecken wird dann,
solch ein Text gedichtet

Diese Zeilen sind bloß –
Nur Dreck und Scherben
Dennoch ein Teil meiner Seele
Ich kann sie nicht wegwerfen!

Keine schönen Zeilen
Weil meine kranken Nerven nicht heilen!
Vielleicht bekomme ich auch nur das, was ich
verdien' – denn ich habe so viel verspielt

Halb-ironisch-auch-traurig

Alle machen Geld
Alle sind so fleißig
Nur ich, mach nichts
Ich fühle mich mies und mir geht's scheiße!

Jeden Montag
Bekomme ich einen Rappel
Einen richtigen Schlag –
Ich habe einen an meinem „Appel"!

Mir fehlt es an Arbeit
Und auch am Geld
Ein schlechtes Gewissen
Bin jemand, der auf seine Schnauze fällt!

Ich nehme mich selbst in die Mangel
Ziehe mich selbst runter
Könnte Tränen laufen lassen, vom Schmerz
Ich träume, um den Kummer zu betäuben
Und all den Schmerz auf meinem Herzen

Ich bin der Niedergang
Aber mein Antrieb auch zugleich
Ich setze mich in die Scheiße
Und ich boxe mich auch wieder aus ihr raus!

Ich bin die Stärke
Ich bin die Schwäche
Die Motivation und Resignation
Sowohl als auch!

Hin und wieder wird mir bewusst
Und dies ist nicht gerade ein Trost
All meines Lebens Einsatz und Verlust
Das Glück fällt mir nicht in den Schoß

Ich könnte schreien
Ich könnte heulen
Würde gerne, fliehen vor mir selbst!
Doch vor sich selbst wegzulaufen –
Geht nicht! Keine Chance!
Seele und Körper sind EINS in dieser Welt!

Ende der Entgegen der Zeit-Reihe!

Ist der Erfolg denn
wirklich, von Wert
Wenn man,
einen hohen Preis bezahlt!?

Wenn der Duft,
so süß doch lockend beißt –
Doch der Geschmack,
so bitter ist und nicht schmelzend zart

Sind die Tränen,
die fließen so salzig –
Wie all das Wasser
Im weiten Meer!?

Ist es für den Erfolg,
zu leiden, zu bluten –
Am Ende des Lebens
Wirklich wert!?

Was habe ich eingesetzt?
Was habe ich erreicht?
Was habe ich bewegt?
Geschaffen lediglich, ein Eigen-Reim-Reich!

Christian Hofmann, geb. 5.3.1986 in Biedenkopf bei Marburg. Er lebt im mittelhessischen Marburg, wo seine literarischen Sammelwerke entstanden sind.

Beginn des Schreibens 2006

Publikationen zwecks Bühne seit 2015

Sammelwerk in Buchformat seit 2019

das war

ENTGEGEN DER ZEIT –

TEXTE FÜR DIE ZUKUNFT

VIELEN DANK UND HERZLICHE GRÜSSE

AN ALLE LIEBE LESENDEN

Ihr Autor Christian Hofmann